MATÍAS MENDEZ

LA FORMA DE LAS COSAS QUE VIENEN

MATÍAS MENDEZ

LA FORMA DE LAS COSAS QUE VIENEN

Excmo. Ayuntamiento de
Campo de Criptana
CONCEJALÍA DE CULTURA

LV Premio de Poesía
Pastora Marcela 2025
Campo de Criptana

HUERGA & FIERRO editores

Un jurado presidido por D.ª María Zaragoza. Demás miembros: D.ª Elisa Díaz, D. José Aureliano de la Guía, D.ª Natividad Cepeda, D.ª Ana Iris Simón, D. Manuel San Martín, Dª. Ana Sánchez-Alarcos Gómez, Concejala de Cultura y D.ª Ana Muñoz Alberca, Directora de la Casa de Cultura, otorgó a este libro el LV Premio de Poesía 2025 "Pastora Marcela".

Diseño de Colección: Huerga y Fierro

Primera edición: 2025

C/Sebastián Herrera, 9
28012 Madrid-España
Telf.: 91 467 63 61
www.huergayfierro.com
huerga@huergayfierro.com

I.S.B.N.: 979-13-990795-2-4
Depósito Legal: M-17994-2025
Impreso en Romadac Industria del Libro
Impreso en España/Printed and made in Spain

LA FORMA DE LAS COSAS QUE VIENEN

THE WIND HAS DIED

My little boat,
take care.

There is no
land in sight.

Charles Simic

EL MOVIMIENTO

La mano de Ana afuera de la ventanilla.
En contra del viento.
Las piedras sobre el techo para que la casa no se vuele.
La ciudad apenas iluminada.
Ilaria se quiebra un diente al masticar.
Se desprende una roca de la montaña.
La historia que rima.
Haydeé quería extraer a las personas de la radio.
Desarmo el paisaje para ver qué sale.
Vi una fuente de agua y no sentí nada.
Franco duerme apoyado en mi hombro.
Ahí es cuando siento más cosas.
En cada curva el micro destartalado dobla con precisión.
Suena algo que viene de lejos: el sonido de la piedra y su sombra.
Una niña va en la espalda de otra.
Va a tener mi altura en diez años.
Me gusta más que antes el cuerpo que me forma.
Esto me dice Sophia.
Lo quiero porque me trajo hasta acá.
También le dice *picuras* a las picaduras y trigo atómico a las tutucas.
Las comemos mirando el pueblo desde arriba a través de la ventanilla.
Las casas parecen una falla de la montaña.
Mientras el micro se mueve nadie espera nada de mí.
Viendo cómo los pastizales se prenden fuego, soy un pasajero.
Miro las formas, me muevo sin moverme.
Algo nuevo empieza todo el tiempo.

REZA EL SAUCE

Hace calor y puedo pintar una madera infinitas veces.
Inclino mi brazo hacia abajo para barnizar el muelle.
Una copia diminuta del sauce que me enmarca.
Miro mi reflejo en el agua y surge el impulso de zambullirme.
Día y noche el sauce se prepara para ceder al rayo.
Hace una reverencia.
¿Para que lo tumbe?
Sus ramas encendidas, fuego que lo derribe.
La forma es eso que se hace y se deshace.
Vi el muelle pudrirse y quedar incompleto.
El agua se mueve para extenderse lo más posible.
Puedo ser una cavidad en donde el río se aloje.
Animarme al río, calmarlo.
Para el sauce el agua es cielo y no por lo espejado, sino por deseo de sumergirse.
De encontrar algo más.
Mi reflejo no lo engaña.
Reza al atardecer sobre el río, pide que el rayo caiga.

FÁBULA

Es una historia antigua: el árbol en silencio, una canción enterrada.
Se mueve como savia, explora territorios.
Le dicen Zai a quien cavó el pozo y la enterró.
Quizás una deformación de *decir* en inglés.
Un poema que intenta algo así como decirse hacia adelante.
Lo buscan otros árboles, barcos que salen de un puerto oscuro, inventores.
A veces se percibe el eco de la canción tarareada.
Eso dicen, y que un día va a aparecer.
Entre las formas que se distorsionan.
O en fiestas cuando queda la música en la cabeza.
Zai podría ser una letra árabe, o *más* en chino.
Como si nos diera esperanza.

LA ESCALERA

El cielo estrellado, pueblo en altura.
Apenas visible la iglesia y un molino que no gira.
Es la niebla.
Me quedo en la mesa mirando los bracitos de Hana.
Le hicimos un tatuaje y le dijimos que era temporal.
Hana, del árabe.
Significa felicidad.
Sus gestos fueron los contrarios a su nombre.
Supo que la forma se disolvería.
Como el humo cuando no hay luz.
Miro las estrellas hasta que algo se las lleva.
Últimamente eso que viene parece poco.
Una parte de mí cruza ríos, sube montañas.
La otra va hacia mí.
Visualizo el aire entre mis órganos.
Ese espacio entre una cosa y otra.
Llena los pulmones el viento que entra.
Cuando el sol se esconde detrás del molino, abro la boca.
Suelto las estrellas, pido que la luz mueva las aspas.
Las formas son de palabras y no se nos ocurren, Hana.
No vemos lo que viene.
Tu tatuaje se borra, las estrellas también.
Cuando las palabras son huecas, el mundo se hace hueco.
Hay muchas formas y varían en tamaño.
Da igual.
La fuerza aparece al encajarlas.
Vale lo mismo hacer un té, una canción, o una escalera.

EL LADRÓN

Llegado el momento, conozco la forma.
Un adulto poco acumulador, con obsesión por el orden.
Antes un bebé en la cuna que mira al resto trabajar.
Hay una biblioteca, hay un sillón, hubo una lámpara.
Los objetos se separan de mí.
Ahora veo la distancia entre las cosas.
El olor a salsa, papá tocando una zamba.
Me doy cuenta que el ladrón era yo.
Todo lo que tiene forma cuesta.
Yo costaba.
Siento la obligación de cuidar lo poco que queda.
La música, el sabor.
La forma poco constante.
Y lo que sobra, perderlo.

BACACAY

En el balcón las ramas chocan contra la reja.
Durante tormentas cuesta dormir.
Aprendo para cuando haya que hacerlo.
Suena una campana y entra luz aunque haya cortinas.
Parece un teatro.
En esta calle se prendió fuego un Peugot.
El edificio vibra cuando pasan camiones por el empedrado.
Otro teatro abandonado y yo un personaje.
Esta es mi Daguerre, Agnès.
Así Gombrowicz tituló su primer libro.
Una batalla que no conozco lleva el mismo nombre.
Me trajeron recién nacido y ahora salgo con la lluvia.
Del otro lado, suena la barrera y pasa el tren.
El viento un día va a dejar de soplar: eso me llena el pecho.
Como si lo guardara para después.
Este teatro, alegremente opaco.
El silencio luego del aplauso, ese brillo sobre el limonero.
No hay plan.
Soy un vecino que mueve cosas de un lado para el otro.
Intento que algo sea todavía mío.
Voy siempre con una postal inventada: este mapa provisorio.
El punto imaginario donde la Rue Daguerre choca con Bacacay.

ESTO ES AGUA

Un truco para que el agua sea firme: verla desde muy lejos.
Eso aprendí.
Ponerme de perfil o tomar distancia.
Le pregunto a Nuria, caminando por la costanera: ¿viste alguna vez algo nacer?
El sol mandarina en Santa Fe.
Los campos de frutillas camino a Rosario.
El río oscuro, estancado; de pronto la luz lo pone en movimiento.
¿Creerías, estando lejos, que esto es agua?
¿Aunque no se mueva ni caiga?
También los árboles, desde la ruta, parecen no moverse.
Si los miro de perfil se borronean, como bocetos de pinos.
De frente se afirman y se van.
El sonido, en cambio, viene de todas partes.
Escucho muchos pájaros al mismo tiempo.
Distingo cada uno de sus cantos, en armonía.
La imagen que se forma entre el río y el puente.
La voz de Nuria y el aleteo de las palomas que levantan vuelo.
La forma que a veces es sin metáfora: lo que nace, pasa a ser.
¿Y qué cambia cuando empezás a creer?
Nada, no sé: las cosas se animan.
Uno de los pájaros, un pajarito terroso, separa las alas y escucho que canta por primera vez.

CIRUELAS

Lo que crece demasiado rápido corre el riesgo de romperse.
Se estría y empaña como vidrio y vapor.
La ciruela cae sola.
Cuando cocino apurado, el pan se quema.
Sol me pregunta por el apego.
El olor a curry queda impregnado en los dedos.
De cara a la luz: para alimentarme, tengo paciencia.
Es temporada de ciruelas.
Yo también me crié al sol, crecí de a gotas.
Estoy a la sombra de mi madre.
Ojalá el temporal no la tumbe.
No me desprendo si no crezco, no crezco si me desprendo.
Confundo la palabra patria con partida.
Tanto quiero esto como lo otro.
La mano que arranca, el vértigo al caer.
La pulpa se ablanda y queda en la dureza del carozo.

TRENZA

Tan despejado el cielo que se ven las raíces.
Va a seguir así un rato.
Esa promesa se cumple cuando el mundo todavía insiste.
Está en Dana vestida de rojo.
Fran atrapa la última nube y la guarda.
Igual hay relámpagos.
La ausencia de lo que viene también es eso que viene.
Me canso del relato porque ya no pasa.
El de las formas que se mezclan.
El sabor de la frutilla con el chocolate: su frescura empalagosa, los dedos teñidos.
Todas las personas que conocí.
Las conversaciones al ras del piso.
Queda esto, fijo, un rato.
Fran me mira y no dice.
Entre él y yo brilla la trenza de Nuria.
Parece un rayo esa forma entrelazada en sí misma.
El color se nos viene encima.
Airecito ya débil pide que usemos los sentidos.
La canción se desintegra: sonido por sonido, frecuencia por frecuencia.
Quedate con uno, saturalo.
Cualquier sentido, el que más te guste.
Tan despejado el cielo.
Hasta que desborde: quedate con ese.

HASTA EL CANSANCIO

Prendí este fuego hasta la madrugada.
Madera roja todavía adentro mío.
Miré una película que inventé.
Duermo al acecho, esperando para cazar y vuelvo.
En cantidades necesarias.
Despertar con una oración, un rezo.
A las formas les dije *síganme*, y lo hicieron.
Dije rezar porque pedí una vuelta del sueño con todos los colores entre las manos.
La primera vez que vi *El espejo*, pude ver la forma del aire.
El viento moviendo el campo, el techo goteaba delante del fuego.
La lejanía del horizonte olía a menta.
Ese movimiento fresco del campo ruso.
Se estira hasta mí.
Como soltar la mano al costado de la lancha, que las gotitas salten y te toquen.
Sentirlo.
La distancia como una ilusión óptica.
Andrei no confunde su frontera.
No termino donde termina mi cuerpo.
Continúo en el sueño: ahí Mirta me habla.
Dice que vuelva dándome permiso.
Que estire las palabras hasta mí.
Si no, lo escrito se pudre y mientras se pudre, fermenta.
El cuerpo termina después del cansancio.
Las palabras suben, se desenganchan de las cosas, me observan agazapadas.
Esperan que me duerma del todo, una cama de ceniza.
Bajan cuando hace falta.

DONDE TERMINA LA TIERRA

Estoy seguro de algunas cosas: quiero ver el amanecer más seguido.
Al lado mío una pasajera está dormida.
Mueve por reflejo un dedo de la mano.
No rechazo el mundo, lo vivo.
A pesar de lo roto.
Julia me espera en la última estación.
Los ojos se me cierran, pero sigo viendo.
También lo que no está tiene forma.
A veces mi cabeza toma la forma de un muelle.
Algunas cosas se las lleva la corriente.
Si el tren siguiera se caería al mar.
Julia está ahí: lo frena.
Me voy para volver, las olas dibujan un rebote.
¿No confían en su brújula los pájaros que migran?
No vuelven por un tiempo, pero vuelven.
¿Y no es igual con los fantasmas?
¿No tarda la flor en su apertura, los pétalos al extenderse, el fruto y su maduración?

ESTADO ALTERADO

Primero está la playa.
Después autos, colinas, flores de aloe vera.
El paisaje se renueva todo el tiempo: podría vivir acá.
Piso algo blando y tardo en entender que es arena.
Ese momento entre lo que uno siente y piensa se parece a la realidad.
Después vuelve a construirse la idea.
En esa alteración, pienso en las olas, en Luci.
Le gustan los barcos cuando flotan sobre la niebla, mirarlos.
Le recuerdan a fantasmas.
Los vio, azules, y yo nadé con ellos.
Olas, veleros, polvo que no cae.
Los fantasmas son eso.
Palabras.
Nos tapamos con una manta tan pesada como el mar.
Primero está la playa, el punto de origen.
Después las nubes como fractales; el agua, el primer sonido.
Nunca aprendí a ahogarme.
No sé.
Me volví humo, perdí la forma.
Hasta ensamblarme en algo nuevo.

JUANA A LOS DOCE

Crecer sola es imposible, querida.
Cuando tu clase es tierra estéril, la siembra se finge.
Inventá flores, un paisaje frondoso, el clima ideal.
Como en los cuadros impresionistas que admira tu familia.
Pensá en senderos que te lleven hasta el mar.
Una Antoine Doinel que escape del té y las masitas.
Porque en tu clase siempre hay un atajo.
Es mejor copiar al venado de Frida: su mismo estoicismo, las astas arqueadas.
Y las flechas que te clavaron, cosechalas.
Pasate un paño frío por la nuca y dejalas bajo tierra.

APENAS FLOTO

Podría tener alas pero tengo garganta.
El cielo rosa y peces que nadan en mis brazos.
Podría haberlos perdido pero la mano de Marie los contuvo.
Apoyó la palma en mi pecho y los guardó ahí adentro.
El calor se duplicaba en el agua.
Fue hace años, cuando las olas me obligaron a copiar su movimiento.
Paso de baile, un vaivén que no había memorizado.
Ahora Elena se preocupa porque no hay más veranos.
No tengo bufanda cuando rompe el viento.
Elena pone la mano como cuenco y rodea mi garganta.
Un gesto que empezó hace años termina hoy.
Miro la forma de las cosas vivas.
No sé si vienen pero ahora están acá.
Los peces que sobreviven, todo eso que se mueve y brilla.
Los fantasmas no paran de hacer ruido.
Están en todos los colores, en todas las formas.
Podría tener alas pero tengo garganta.
Apenas floto y decido una sola cosa: no hacer.
Pienso en la palabra *belleza*.
Hablo con fantasmas.

NOMBRE

Un árbol que es un árbol no es un árbol.
Más bien la continuación de cielo.
Y el contacto con los muertos.
Materia que se estira bajo tierra se une a la infancia de un río.
Su aroma viaja hasta entrar en el hacha, al fuego y al animal y a la sangre del animal.
Un árbol que no es un árbol es un árbol.
Ya seco, se siente árbol en la lluvia y es como si llorara.
Solamente si pasa por el cuerpo parece real.
Incluso siendo opaco, difuso, entre la niebla, fantasmagórico.
Dice: ¿si lloro, no soy verdad?
Dice y escucha que lo llaman.
Árbol del lago que da sombra.
Árbol que aúlla como un lobo y llama a los cuervos.
Si tengo nombre como persona, ¿no seré fuerte y verdadero?

ESTILO

A mí tampoco me gusta irme.
Lo dice Thom Yorke y le creo.
No se puede hacer todo de nuevo.
Igual haría lo mismo.
El mínimo impacto, la poca fe.
Ayer intenté recordar una cara y venía de a partes.
La forma se recompone —a cada pedazo, su valor—.
Las canciones son dobles: el poema escrito y el poema que suena.
Estoy feliz, a veces.
Haría lo mismo porque no quiero que el tiempo pase.
Cuando bailo espanto las ideas.
Ideas donde el mundo cae.
El vaso transpira y deja círculos en la mesa.
Pero volviendo al principio: no hace falta.
Quiero decir: aunque te vayas, queda la impresión.
Qué se distingue depende del estilo.
Cuando haya pedacitos, no digas que los reunís.
Decime cómo.

RESPIRACIÓN

La mano de Pilar se eleva hasta el foco de luz.
Ella piensa todos los días en sus pulmones.
De chica se salvó: tiene cicatrices, no alas.
Suelta una palabra igual que un árbol una hoja.
Cae sobre el agua de la pileta, como si se apoyara.
Qué palabra, qué árbol.
No sé, porque no se quedan quietos.
Akinetopsia es la incapacidad de percibir formas cuando están en movimiento.
Ahora me doy cuenta que esa corriente son personas marchando.
Pienso en perder los rasgos como algunas personas de Kuitca.
Abrazaría una sombra.
Una cama vacía, el molde del sueño.
Ayer miré a Frida respirar cuando se hizo un bollito al lado mío.
Catz pintó a una mujer que flota encima de sus pies, sin piernas.
Y a otra en una cama, boca arriba, un papel, como piel sin relleno.
No tiene pulmones.
Tampoco Kuitca tiene movimiento: pueden hacer que el tiempo no avance.
Lo quieto convive con el pulso acelerado.
Pilar se agita cuando actúa, Frida cuando busca algo entre el pasto.
Hunde su hocico con el entusiasmo de tener una idea.
Pienso en sus pulmones, en que respirar les da volumen.
No sé qué busca, pero busca en los detalles.
Algo permanente, una asamblea, o un movimiento que suene y se perciba.

EUFORIA

Tanto tiempo al sol que mi sombra se gastó.
Se separa de mí, me desborda.
Si la sigo, me ataca.
Soy un perro que le ladra a su silueta.
Me resguardo bajo un álamo viejo.
Apunta hacia la noche, me dice que está rezando.
Reza porque no quiere perder su reflejo.
Me lo dice cuando el viento pasa por él y lo hace sonar.
También yo intento pasar la noche aunque la sombra se siga moviendo.
Si me duermo, se duerme.
El álamo quiere que amanezca.
En su sombra se reconoce.
Una piedra que espera volar por la mano que la tira al agua.
Soy el álamo cuando pido y cuando descanso.
Mientras sale el sol, riego las plantas y acaricio al perro que despierta.
Soy de una especie que cuida.
Me arrimo, me apoyo contra la corteza, me desperezo.
En el silencio de esa primera luz, la sombra, al fin, se mueve a mi ritmo.

UN CABALLO SUEÑA CON EL VERANO

El fuego reacciona cuando el agua lo apaga.
Enciendo una linterna para ver cómo sube desde la tierra.
Se retuerce apenas por el vientito nocturno.
Los elementos expandidos se hacen evidentes al transformarse.
Hay una forma que Manu distingue.
La de lo ajeno frente a lo propio.
El punto donde nuestra materia choca con otra.
Animales que se asoman para ver si la llanura dobla en el horizonte.
Los atrapa la distancia, el espacio sin límites.
Tienen garganta, y podrían tener alas.
Acaricio el lomo de un caballo.
Hay silencio: esperamos la cosecha.
Los caballos siempre miran hacia lo que viene.
Más allá de los robles, las flores.
Escuchamos a las vacas en la oscuridad.
La forma espesa de sus mugidos.
Vida es lo que viene, dice Manu.
La voz recita un poema: música pura que no esconde nada.
Imagino la nieve que todavía cae sobre los camiones.
Lo imagino así porque quisiera devolver lo ajeno.
Que logremos encontrar nuestra forma y los animales sean.
Veamos, Manu, que el esfuerzo tiene sentido.
El caballo mira el camino hasta el verano.
Algo en él nos dice: quédense.
No hay apuro.
Vuelve el sol, y con el sol, las frambuesas.

Si tenés que mirar para arriba, es religioso.
Si tenés que mirar para abajo, es realista.
Ben Lerner

POR ESO

Voy a primera fila.
Espero el primer plano, Mecha Ortiz y sus ojos hinchados.
La barba aplicada, pelo por pelo, a Bebán en Juan Moreira.
Lamentándose, con este sol.
Continúo la tradición: Juana de Arco, Anna Karina y yo.
¿Lloro cuando hay que llorar?
La forma me rodea como una orquesta rodea a un cantautor.
¿Hago honor a mis referencias?
Me dejo bañar por la luz que no me puede hacer daño, pero sí alterar.
Es un faro que pasa por mí y me guía.
El cine es cine a medias si no me quedo quieto.

MUEVO EL FUEGO

Dejo de flotar y corro como un lobo que persigue a su presa hasta atraparla. O
por capricho huye, buscando dónde aullar tranquilo. Un deseo
se parece más a esos bichos opacos que de a tramos apoyan
las patas sobre una hoja verde y muestran sus garras. Quise una zambullida
en el río helado y ojeroso por la sombra en la tierra. La forma
opaca que dejó la bajada. Materia
húmeda que se empieza, con el día, a secar. Quise ser pez
de profundidad y no el caracol desplazándose sobre el agua. Qué
predecible vulgaridad para lo real. Transparente. De lejos
una alteración del aire. Como el horizonte visto a través del fuego en la noche
húmeda. De día el fuego se apaga. Cenizas amontonadas, ramas
esparcidas. Algo a mi paso se mueve. ¿Fui yo
el viento? Corro de la forma que sea hasta donde se curva
la tierra. Corro, no dejo de correr.

ME DECIDO AL RÍO

No tengo alas pero me arrimo lo más rápido que puedo. No tengo
ramas pero me estiro hasta que no haya formas. Pruebo
el ritmo y la imagen
que brille. Sin nombre, solo impulso:
                    un disparo en línea recta
                    caballo que escapa del corral y sus cuatro patas
repiten un motivo durante horas hasta finalmente perder
fuerza. Lo que tengo
                    es forma y dirección.
La entereza para planear y la blandura que atraviesa
lo quieto. ¿O es al revés? Apuesto
                    al suelo como gato que no quiere
la inestabilidad del agua. Me quedo,
los ojos abiertos.
                    Como hipnosis o verano sin mar
adormece pero nunca deja que el sueño llegue. Se
mueve una hoja en la crecida y parece un cisne por el agua
sucia. La corriente tiene su dirección y lo lleva como tabla de gusano.
Cuando nado soy cualquiera que nadó antes.
                    Proyección y forma.
                    Me decido al río y a crecer con él.
Como semilla en la tierra. No tengo
flores pero en un tris me puedo cerrar.
                    Forma y acción.
Me sostengo al borde de las cosas.
¿Y la razón?
Vuelvo juntando ramitas.
Apilo como mecanismo de defensa.
Cada vez hay más viento.
Hace lagrimear.

El fuego seca lo mojado.
Bailé hasta el cansancio y ordené la casa.
Forma, emoción.
Que lo demás nos pase.

PESO

No conocés el lugar al que voy.
Me lleva un tren que atraviesa ríos y pareciera volar encima de ellos.
Mi peso no lo tira para abajo.
El sábado en una cúpula éramos más de cien personas.
Apenas puntitos en el techo de una ciudad cuadrada.
Nuestro peso no tumba ningún edificio ni cambia el curso de los ríos.
Cuando pesaba menos de cincuenta kilos, Nadia me insistía en que comiera más.
Eso fue hace poco.
Cómo te explico que me gasto demasiado rápido y la cuestión está en esforzarse menos, y no más.
El lugar al que voy viene lento.
No sé si sigue ahí, yo siempre lo vi desde lejos.
Mis huesos se afilan cada vez más, y si caigo, caigo con todo el cuerpo.
Mientras la sangre siga trenzándose
voy a seguir pesando algo. El líquido cambia su ruta
cuando se hace necesario
sabe a dónde ir.
Tenía hambre, pero se traducía
en impulsos. Mi energía contrasta
con la forma de algunos paisajes
quietos. No los conozco, pero voy.
En el tren no duermo, miro los ojos que brillan y pasan.
Todavía aprendo a reunir la materia.
A veces se me escapa.
Hay un peso para lo perdido.
No lo atajo.
Más bien esquivo todo eso que cae.
No soy yo quien aplasta nada.

FEBRERO

Conocimos el otoño
y la primavera. Febrero
no termina, o sí
y lo que sigue
no es otoño:
el cielo es violeta
y gris. Hay viento:
lo escuchamos
entre tanto errar.
Rimamos un verso
con el anterior, caemos
de un escalón
a otro, de boca
en boca: la terca, inaudible
esperanza, ¿no, Eli?
Es un alivio el aire
en la costa. Mojo
los pies, escucho
las olas que rompen, su caída
lenta. Soy la madera
del bote
me balanceo
entre soñar
y no. Febrero
termina; fuimos,
acá, invitados.
¿Escuchan? La tormenta
ya empieza.

SOBRE LA PINTURA

Refleja la luz en el hielo y tengo
que mirar hacia arriba. Nublado,
gris, casi en blanco y negro.
Los colores tardan
en venir: cuando atardece
o amanece, más que nada. Ese azul
longevo de Chagall, el violeta borroso de Matisse.
El amarillo inmediatamente viejo.
Como si ya no pudiéramos replicarlo.
Fader miró un mismo campo
en cada etapa del día y pintó
un solo color cada vez.
No se repite. Un cuadro
tiene un tono que ya pasó, ninguno
logra arrojar luz sobre lo que viene.
Se deshace una hoja para que haya pigmento,
la naturaleza va al cuadro pero no pasa
lo contrario. Cuántos grados de azul hacen falta
para que el cielo llueva de una vez.
Jarman dice que el azul es oscuridad
hecha visible. Ojalá sea así, Derek,
que el color nos llegue y lo veamos.

EN LA OSCURIDAD

No se ve casi nada.
Paso firme, el barro salpica.
Miro el punto más lejano.
La última casa en el horizonte, la luz más débil del campo.
Ailín la ve y me dice que tiembla.
O que le habla.
No escuché, pero la luz está.
No sé si tiembla la luz, el aire, o la casa que la luz ilumina.
Cada tanto un bichito rompe el silencio.
Solo se ve cuando está demasiado cerca.
Su vuelo forma un dibujo.
Hay vacas, pasto, flores, llanura.
No se ve nada, pero todo está ahí.
Ailín me ronda y persigue la huella.
Relajo los músculos.
Imagino.
Cuesta más eso que el camino hasta la hoja más alta del árbol.
O ver algún detalle en la noche.
Si pienso en lo que viene, la luz tiembla.
En esa oscuridad sin forma las manos no sirven.
Pero Ailín está ahí, el bichito anda cerca, la casa vibra.
No se ve nada, pero algo pasa.

SE ASOMAN, QUERIENDO VER

Un día, en el mar, tuve la ilusión de acercarme.
Puerto oscuro, le llama Strand.
Lo reconozco.
Si viajo, no avanzo; cambio el punto de vista.
Miro hacia el mismo lado: un acantilado me suena familiar.
Como si viera a un bebé y reconociera
los rasgos de la madre, como si un puerto
se dibujara entre la niebla.
Le cuento a Robin, que lleva en ella una forma.
Esto parece presente: una mano sobre otra más grande.
No es lo que viene, porque ya está acá.
No creíamos en los fantasmas y ahora sí.
Los vemos en su cara nueva.
Se asoman, queriendo ver.
Dicen que algo se aproxima.
Dudo, pero insiste el agua que choca contra la piedra.
Como un caballo que resopla.
Lo reconozco en cada vena de mi pierna.
En la persistencia de la nieve cayendo, del acantilado estático,
arena microscópica en las manos.
Lo reconozco cuando se acerca un perro y apoya su lomo
contra mi cuerpo, su atropello por ser. Hay una forma
que se repite: algo que puebla sin invadir,
eso que se ahueca y su contrario.

PARA MAIA, DESPUÉS DE UNA FIESTA

a la manera de Frank O'Hara

No siempre estamos pensando lo mismo.
Anoche, cuando la luna nos hacía ver
de un azul metálico, hablé con gente
nada interesante sobre lo triste que fue
este año, las elecciones y por qué los sueños
no tienen música, cuando en verdad
quería que bailáramos.
¿No nos pasa siempre lo mismo? Voy para que el resto
se borre y termino
haciéndolos aparecer. Alargo la mano
cuando te veo con la mirada perdida
y te traigo a mi forma sin forma ni volumen.
La música nos lleva.
Se hace repetitiva, necesaria.
En las manos la presión nos recuerda
nuestra fuerza animal.
Pensemos sobre el nuevo año.
Va a ser como siempre: apenas diferente.
Por ahora está templado, parece primavera.

RAVE

Estamos llegando y Flor
me pregunta *¿En qué pensás?*
le digo *En la belleza* mientras pienso
en lo lejos que estoy ahora de esa provincia
en donde miré las estrellas durante horas
justo antes de las nubes convertidas
en esmalte blanco por la tormenta que venía
y en donde los obreros que me crucé de camino
al cerro se preguntaron qué hacía yo ahí por qué
tenía la cara hinchada y vuelve
esa provincia siempre el mismo campo y Flor insiste
porque tengo la mirada perdida pensando
que llorar frente a esos hombres se sentía
un error y ahora la música y el espectro de la música
me hacen no avanzar sino gastar la piel una forma
de competencia contra mí mismo el cuerpo que se renueva
como un espía que cambia su traje y su nombre
en un país nuevo y mira por la ventana
esperando el momento justo para salir
y que no lo descubran así es que yo
espero el momento en que la música
explota para sentir que necesito esto
es la dicha medir el tiempo en beats
por minuto tengo sed
y la creencia de que todo,
por un rato,
está bien me tomo el último sorbo de agua
siento al mismo tiempo que estoy

y que no estoy porque es increíble
según estadísticas estar vivo paso
desapercibido no hay manera de salvarnos
aunque miremos para atrás
cuando un caballo nos lleva y levanta tierra
sobre la provincia en la que está a punto de llover.

ADELANTE HAY OTRA COSA

El monte se endereza sobre el lago.
Me desperezo y suenan los huesos.
Ya respiro profundo como un pez.
De noche me sumerjo sin saltar.
Ladran los perros, se ponen nerviosos.
Raspo la rueda del encendedor.
Se ve que el agua mojó mi bolsillo.
No soy pez: me duele la espalda.
Escucho que algo detona en el mar.
Veo mi mano: en el dedo, la piel
tornasol, brilla y se abre con ganas
de ser mi pecho. Tengo hambre y no duermo.
Puede que el viaje me cambie la forma.
Tomo café mientras me seco. Se despierta
Moli y le cuento que ayer escuché
al viento. O eran fantasmas. El viento
era de fuego. La piel se me quemaba:
un color pálido, carne que tiembla.
No quedó otra que tirarme al río.
No soy un pez, lo juro, no soy pez.
Es que todo se está poniendo raro:
el viento es tornado y evalúo si puede
voltear un barco o no. Mi deseo
es que sigan repitiéndose las olas. Yo también
hago cosas con mucha frecuencia. Contar, por ejemplo.
Que amanece a la izquierda del micro. Del otro lado
es noche y la luna se queda
atrás. Entre los dos viajo yo.

Moli cuenta las tipas, los álamos,
mientras canta una canción que representa
algo de nuestro tiempo.
El sentido colectivo de la forma.
Voy al sur, en línea recta,
perpendicular al recorrido del sol
como si no estuviera ni en el día
ni en la noche, sino en el punto medio,
el límite. Algo por fuera
de las horas, un filo desconocido. Voy hacia otra cosa
con menos forma, un error de lo que conocimos
viene tajeando el aire con cada rayo
una pared como fondo y figura
relampaguea; una cascada que hasta a Caronte
le cuesta navegar; voy hacia donde los caballos
se prenden fuego y me ven cuando me transformo,
en contra de la arena
cortando; voy con un hechizo, un verso,
ruido blanco, que son la misma cosa;
una mano escamada,
algo poco humano que canta
y dice adelante
hay otra cosa.

SÍ

Veo el pasto y está en el pasto.
Veo la madera talada, el gato rascando el borde de la mesa.
Está en él, en las manchitas de Tokyo.
La forma tiñe cada cosa con su mismo color.
El cielo se abre distinto aunque sea un tono sobre otro igual.
Pasa así, invisible pero denso, como la fe.
Repentino: no siempre vemos cuando aparece.
Todavía, Manu, tenemos cosas por hacer.
Un camino se proyecta a escala real.
Eso que viene será poco pero es nuestro.
Es una forma que está por encima de todo.
La certeza de querer juntar hongos después de la tormenta.
Me decís que Tokyo también lo sabe.
Por eso maúlla cada vez que estamos cerca.
Esa es su manera de decir que sí.
La tuya tironear de mi remera para que me acerque.
Sigo el impulso, piso el pasto, nos empujo hacia lo que queremos.
Te digo preparemos la canasta.
Hay que levantarse temprano.
Ayer llovió.

NO HAY TIERRA A LA VISTA

Sería así: no terminamos de notar
la distancia entre mañana
y lo que viene, ni entre lo que viene
y el infinito. En el pecho, una mota
de polvo, un grano de arena,
este barco encallado. Quiero decir
la distancia se volvió una idea
y no sabemos dónde termina. Quiebro
la muñeca sobre papel
para que la mano tome con fuerza
el puerto oscuro entre la niebla.
Le digo mañana a eso que cada día
amaga con quedarse pero cruza
al otro lado. Piatock vio cosas que pasaron,
no escucha lo que viene.
La distancia perdió sentido y capaz
hay algo si giramos la cabeza.
Ayer desayunaste por unas monedas
en un bar italiano, pensaste
en la redistribución, en un verso que raspe
el paladar y calme la garganta.
Escucho y navego lento.
En el puerto oscuro mi mano
hace de luciérnaga. Podría tener alas
pero tengo un ruido interno, malestar
en los ojos. El agua viaja y hay
cierta idea más o menos precisa
de su recorrido. No es seguro que llegue
a aguas más abiertas ni que entre todo
lo que Piatock vio, haya distinguido este momento.

Más bien imaginó el día donde la tierra
se une como mapa antiguo.
Me asomo, queriendo ver: un fantasma
intrigado porque casi
logramos que algo
se sostenga con las ideas
en común y llamarlo nuestro;
porque ya sé que si salto
no logro cruzar el continente;
porque *el final del milagro*
es parte del milagro
pero, Piatock,
no hay tierra a la vista.

UVAS

Uva por uva voy pelando el racimo.
Violetas, con semillas, y ovaladas.
Se vuelve esencial terminar la tarea.
La región en estos días las abandona.
Hay que extender el cobertor.
En la helada puede que no resistan.

Cada rama alfombró el camino.
Otoño, dice el campesino. Mira al horizonte. Parece un actor.
Pero no. Adentro vibra lo mismo que afuera.

Tengo hambre, dice Teo. El hijo, once y medio.
Vino no toma. Se hunde hasta los tobillos.
La hojarasca, música; las uvas, vino.

Me olvidé una fuente de uvas afuera de la heladera.
Dejé cosas sin terminar.
En la mesa de mármol, una pila de semillas.

APLASTAR LAS HOJAS NO HACE VINO

Pero por qué no imaginar que cambian.
El cambio da hambre, mucha.
Después de que el suelo cruja, Teo va a comer.
Nunca termina de aplastar el camino.
Un día de estos las hojas no están.
Cuando algo se percibe, te atraviesa.
El viento es muy fuerte si te puede llevar.
Intento entenderlo pero no puedo.
Me siento desplazado y eso no ayuda.
Teo buscó algo entre las hojas.
Escuché, en su rima, el principio de un poema.
Uno en movimiento, pero se hizo tarde y hay que volver al trabajo.
Trabajar cansa, sí, y también da hambre.
Cada vez como más cantidad y más lento.
Yo, liviano, huesos que sobresalen, empecé a ganar fuerza.
Hagamos de las manzanillas ramos anchos, casi columnas, cimientos.

EL OMBÚ NO SABE

Está al lado de otro pero su posición es el centro.
Canta el ritmo del agua y de la fauna.
A él se acercan para hablar con otro mundo.
Las demás hojas copian su vaivén.
El sol que baña todo lo baña primero a él.
Como charco en el desierto: es incierto si es sagrado o lo será.
Dorado igual que el río.
Se inclina, como si pensara: cuál es mi función, por qué brillo.

GYULA TRIES TO TAKE THE NIGHT

La noche mira, desde cualquier lado, de la misma forma.
¿Cómo será allá arriba en la ciudad de Kosice?
Imagino que el agua nos sostiene en vez de arrastrarnos.
Se hizo un silencio cuando Tyler dejó de cantar.
Escuché las cañerías.
La lluvia entra por el borde de la ventana.
Hoy la noche suena distinta.
Como si se estuviera yendo, de a poco.
Olas negras, sin espuma, golpean contra el puerto.
Kosice pensó cómo acercarse, buscó un poema entre el agua.
¿En qué lengua estaría escrito?
Cambiar el punto de vista ¿inventa de nuevo lo que vemos?
Utopías, no. Ideas.
Refleja la luz en el puerto oscuro.
Esta noche es diferente porque alguien se anima a desafiarla.
A proyectar sobre el cielo el movimiento hacia algo distinto.
¿El poema hace eso? ¿Milita lo que viene?

ASAMBLEA

De pronto un pez salta, el mar lo refleja plateado, un águila se lo lleva.
Fue así, la belleza: un segundo.
Iara, parada en la orilla, miraba hacia ahí.
Se inventa una escena: el caballo lleva solo lo que quiere en su lomo.
Cabalgamos hacia el mismo lugar.
Nos dividimos entre quienes descansan y quienes avanzan.
Delfina también se divide.
Corre parte de su pelo cuando cruza con Frida el parque en diagonal.
Atravesar un territorio como leyendo una página con atención.
Un verso que deforma lo que va diciendo.
Frida busca un poema entre el pasto alto.
Se ve el horizonte porque hay horizonte, Iara.
No hay tierra a la vista, pero se puede imaginar.
Queda entender cómo moldearla.
Las pérdidas te ubican entre lo que viene.
Se me ocurre una nueva forma de movernos para traerte al presente.
Una alianza, la que sea, nuestra.

FRIDA ENCUENTRA EL POEMA

Estaba ahí, como un hormiguero, las palabras amontonadas.
Frida mueve las orejas y lo trae.
Habla de una asamblea de inventores: proponen en silencio.
Se discute el territorio, las casas de agua, la redistribución.
No sé si el poema viene de allá o es sobre allá.
Parece un lugar todavía no explorado.
Se escucha tan pacífico que dan ganas de dejarlo así.
Pero se hace cuando nos acercamos.
De a ratos viene música del otro lado del parque.
El pájaro terroso cruza por encima de los árboles.
En el surco de su vuelo abre grietas por donde la luz de la asamblea entra.
Lo mismo entre las notas que suenan, en cada corte de verso que Andi escucha.
Están discutiendo lo que viene.
Piensan el futuro como quien recita un poema sobre algo chiquito.

EL FINAL DE UNA PELÍCULA DE ASSAYAS

La última escena pasa en el este, y a cada pregunta
un espíritu contesta con un golpe.

El espectro es de película, es la película la que contesta
con su impacto a cada pregunta del espectador.

Por eso la película no corta a negro, sino
que se funde a blanco: nos ilumina.

MIRÁ LA FORMA DE LAS COSAS QUE VIENEN

Hay que moverse para que no nos aplasten.
La caminata con la vista puesta en lo que hace sombra.
En los sueños dejo que todo pase.
Algo de eso se filtra a la mañana siguiente.
No ofrecer resistencia es lo más difícil.
Mi cuerpo tiene que acostumbrarse y abandonar los lugares.
Un movimiento hacia la forma de las cosas.
Estoy acá por una razón que solo es mía.
Tiemblo porque el mundo tiembla.
Mi propia forma traduce otras.
Para sentirme grande invento algo grande.
Aunque después cueste salir.
Me siento desplazado sin haberme movido.
Eso dije cuando se me pasó el efecto.
Se ve sagrado todo eso que está al borde de ser profano.
La nieve es nieve si está cayendo.
Cuando las palabras suenan verdaderas, no siento nada.
El aroma de la albahaca fresca parece real.
No quiero que la ilusión se termine.
Creo que una mano me sembró y se fue.
Si llegara a la copa del árbol más alto, el sol me quemaría.
Hay una sombra que guía y otra que persigue.
La primera me asusta, porque arrastra.
Me adentré mucho para buscar y dejé de ver la entrada.
Esta tarde promete vientos fuertes.
Llega la siesta con la lluvia sobre lo vivo.
Sobre mí.
Imagino la forma de las cosas que vienen.

Agradecimientos

A Andi Nachón, por estar en la música.

A Ezequiel Zaidenwerg y a Milagros Porta.

A quienes pensaron conmigo futuros posibles e imposibles en la residencia Can Serrat.

Índice

Esta obra
se acabó de imprimir
bajo los auspicios de
Charo Fierro y
Antonio J. Huerga, editores.

FINIS CORONAT OPUS